Barroux

All die schönen Tiere zeichnen

Ganz einfach in 4 Schritten

Barroux

All die schönen Tiere zeichnen

Ganz einfach in 4 Schritten

Hahn

Igel

Giraffe

Affe

Fisch

Pinguin

Bassermann

DER HAHN

DAS HUHN

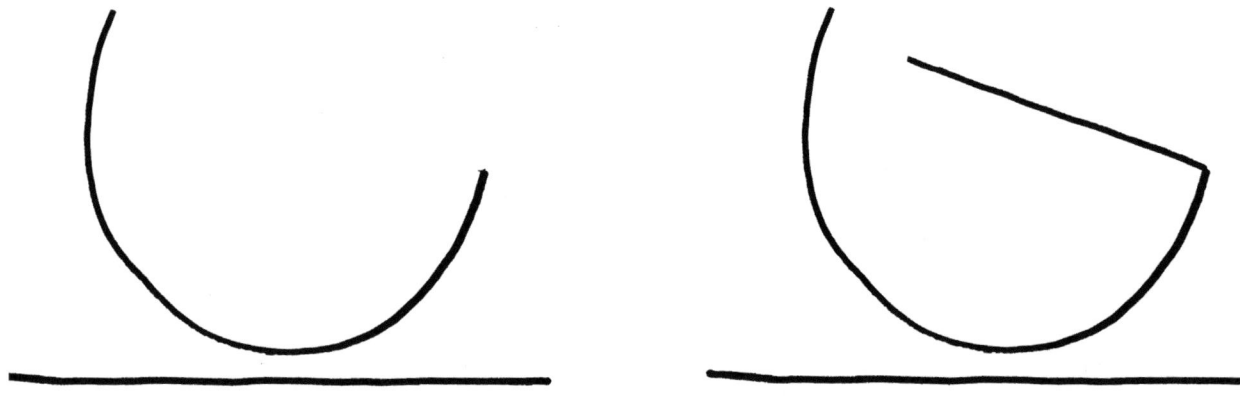

DAS KANINCHEN

DAS SCHAF

DER ESEL

DIE KUH

DAS SCHWEIN

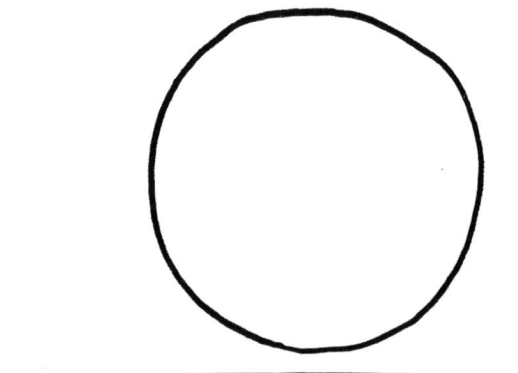
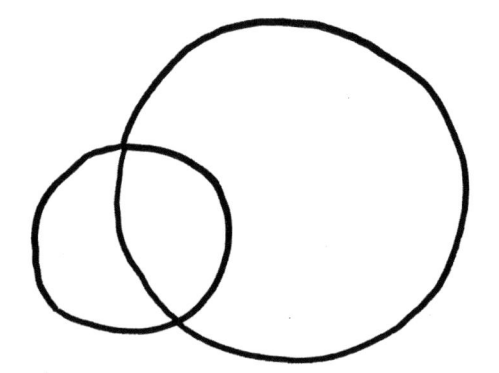

DER HUND

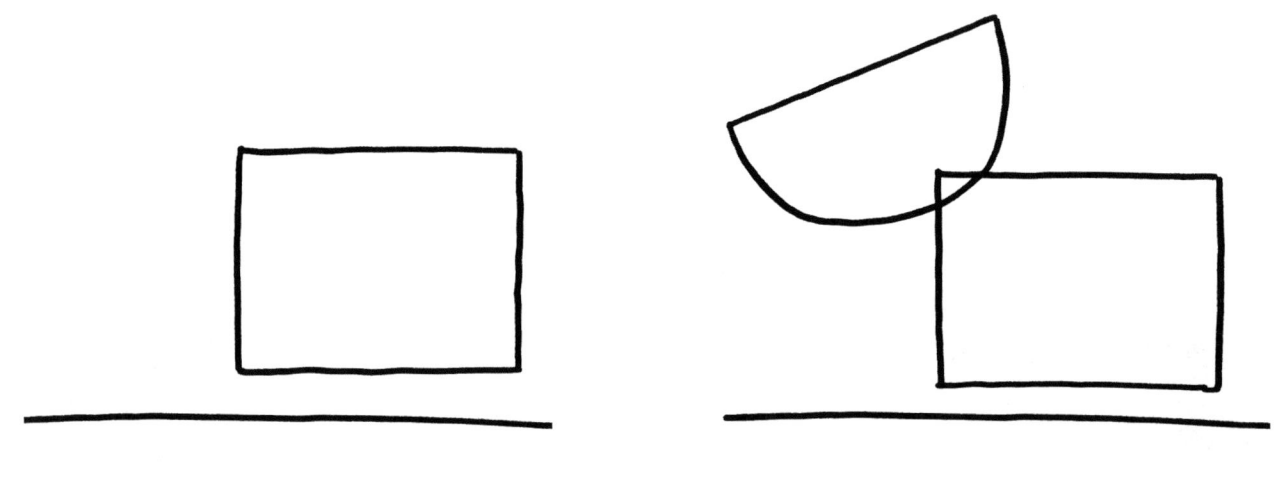

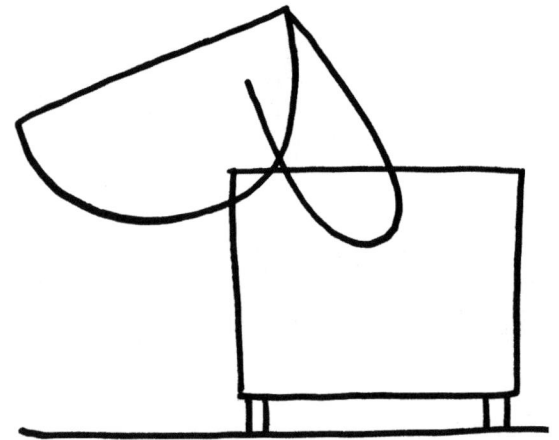

DIE KATZE

DIE ENTE

DER IGEL

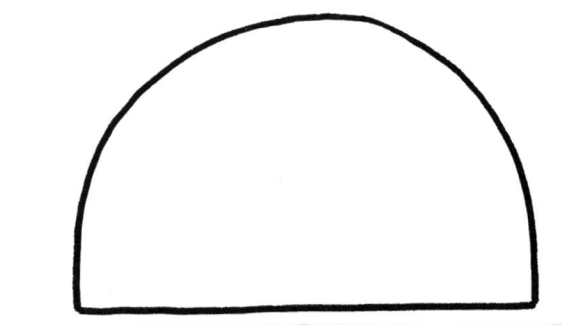

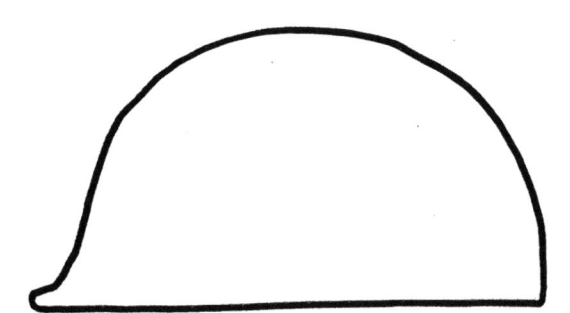

DIE BIENE

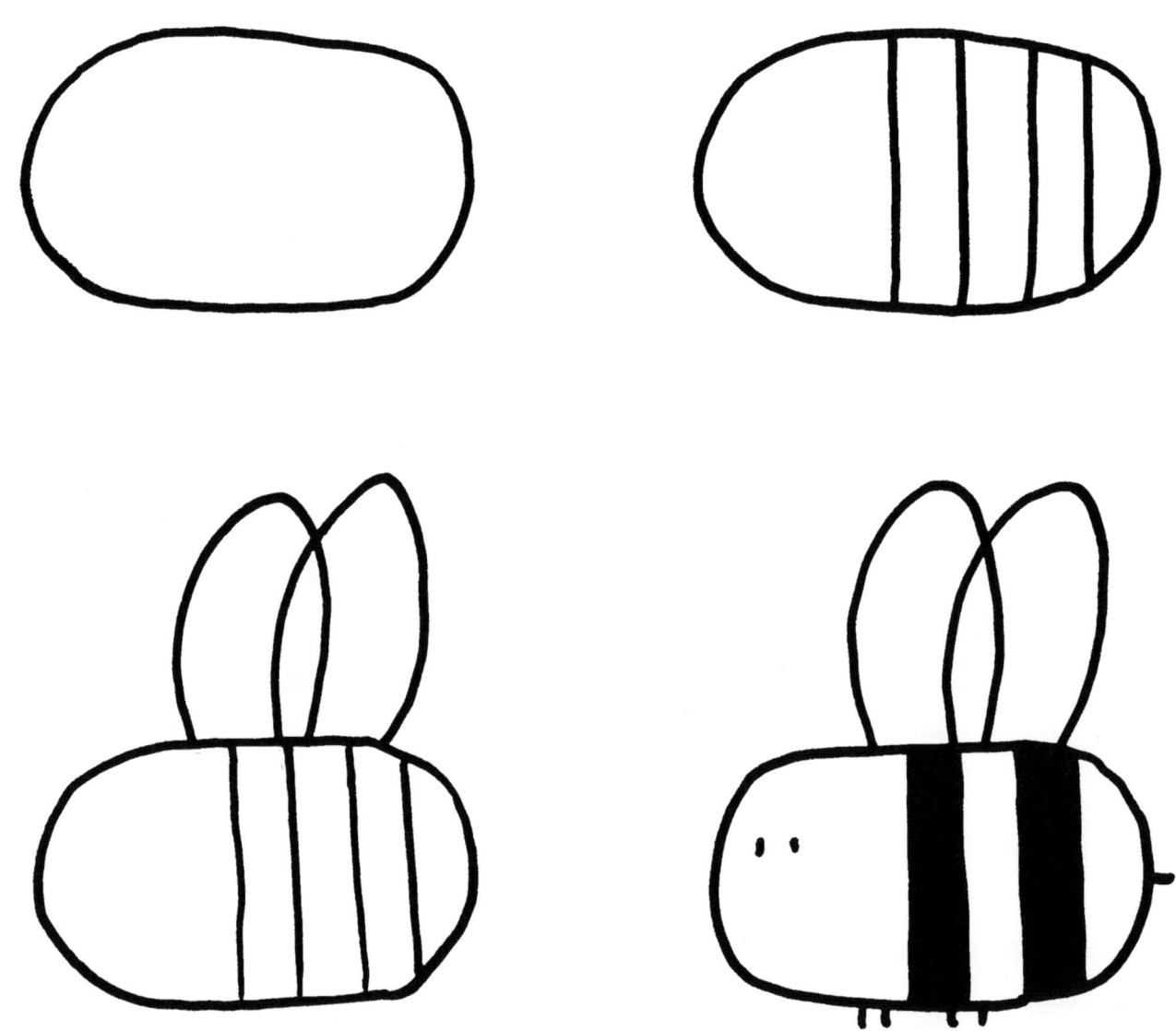

DER FUCHS

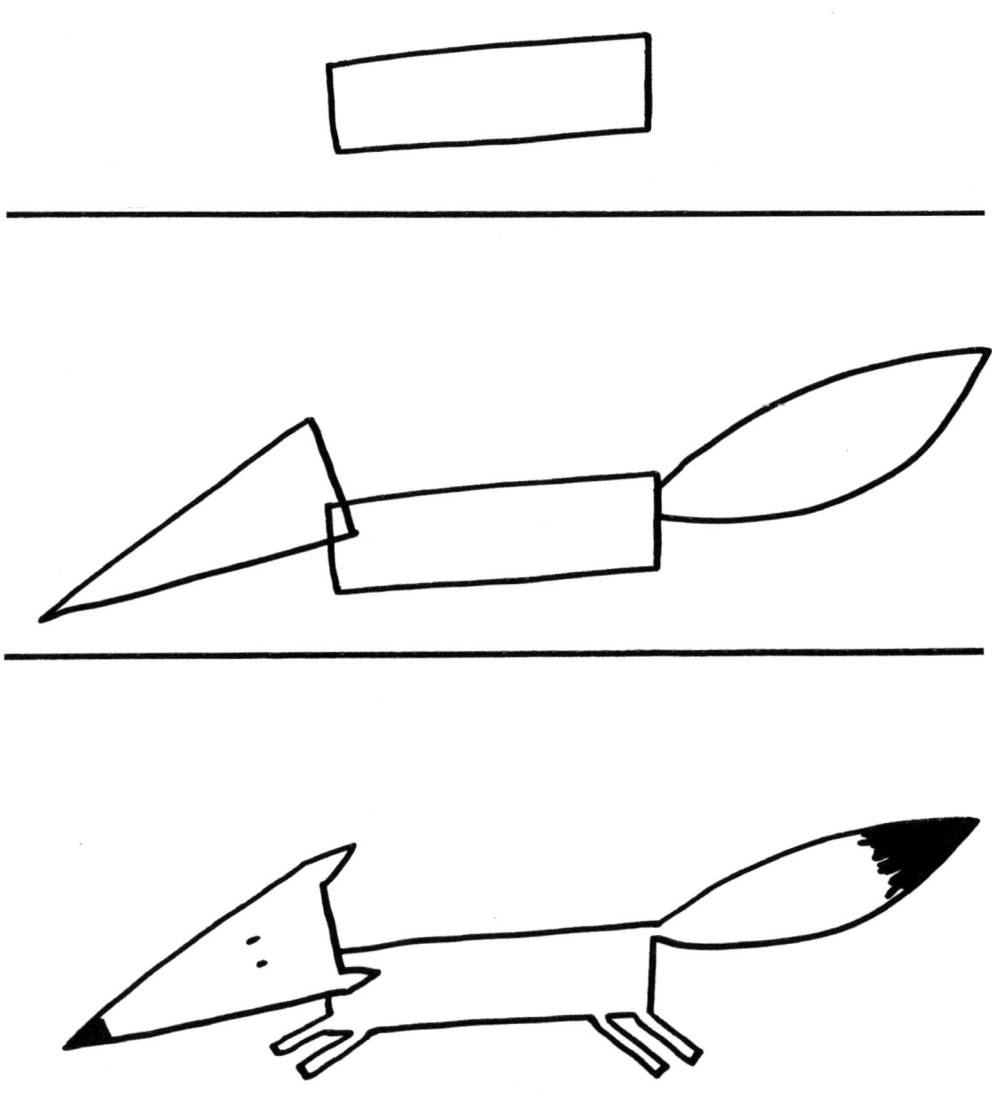

DIE FELDMAUS

DAS ROTKEHLCHEN

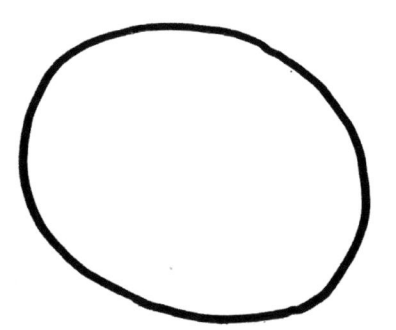
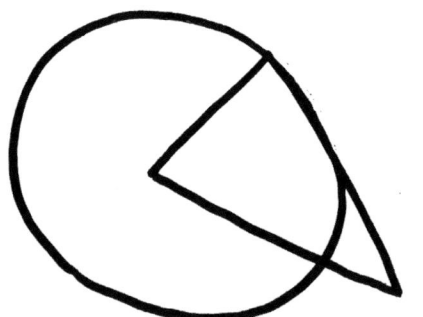
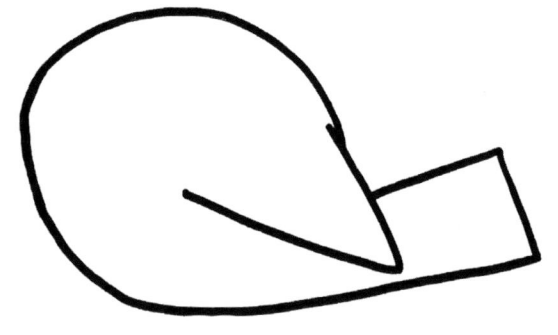

DIE EULE

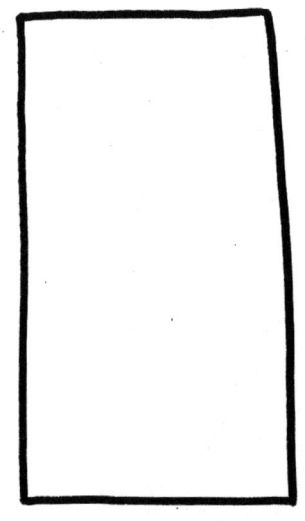

DIE GIRAFFE

DER ELEFANT

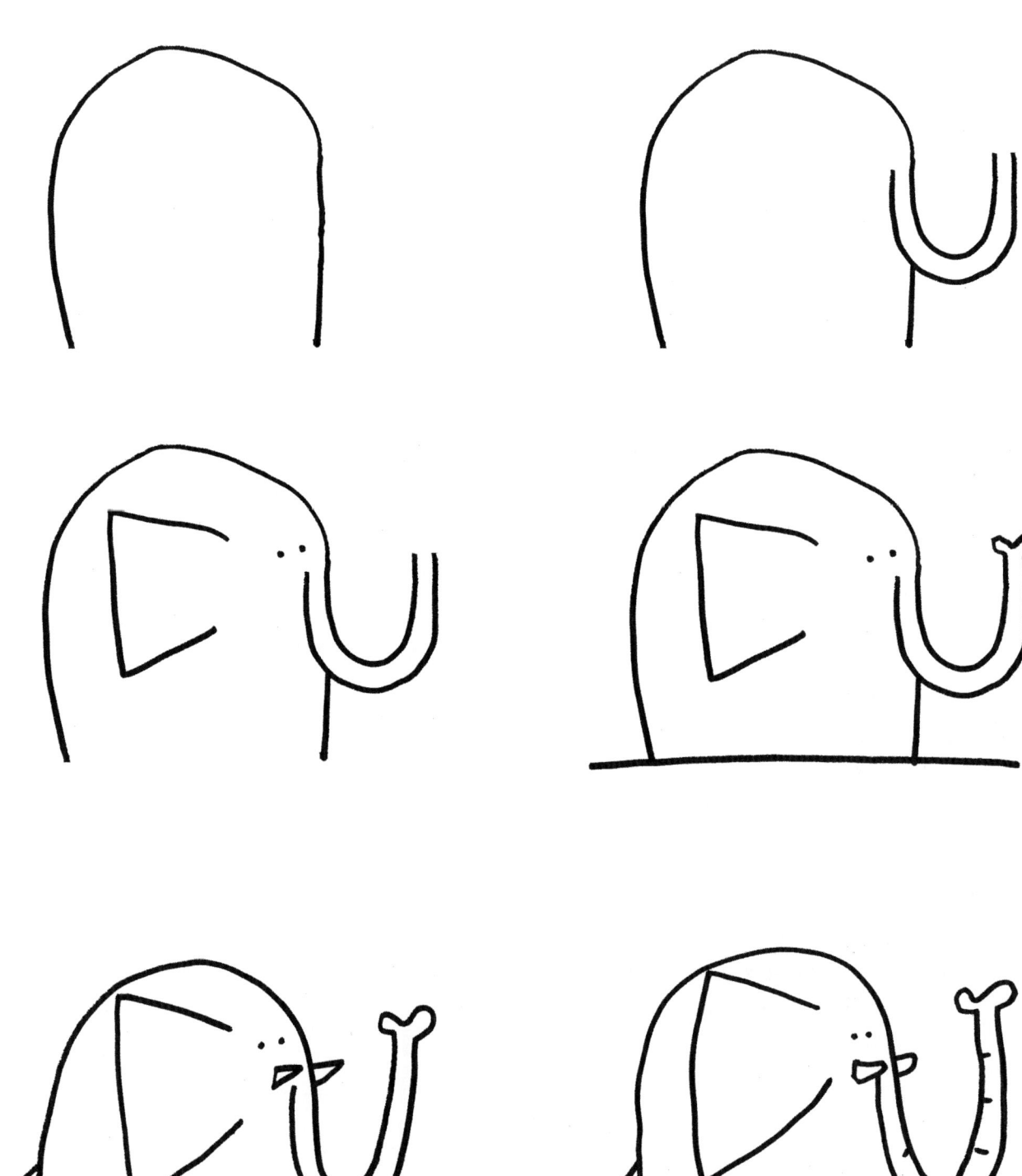

DAS NILPFERD

DAS WARZENSCHWEIN

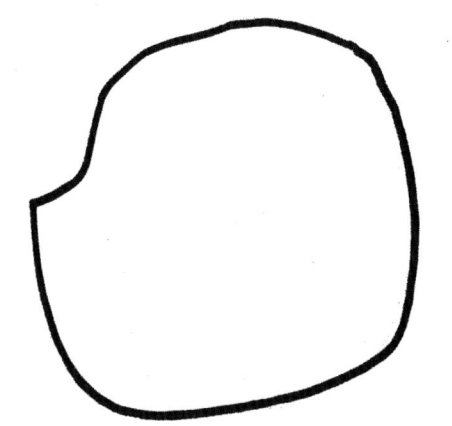
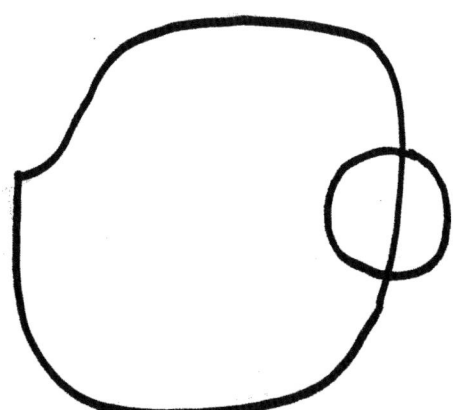

DAS KAMEL

DER LÖWE

DIE ANTILOPE

DAS ZEBRA

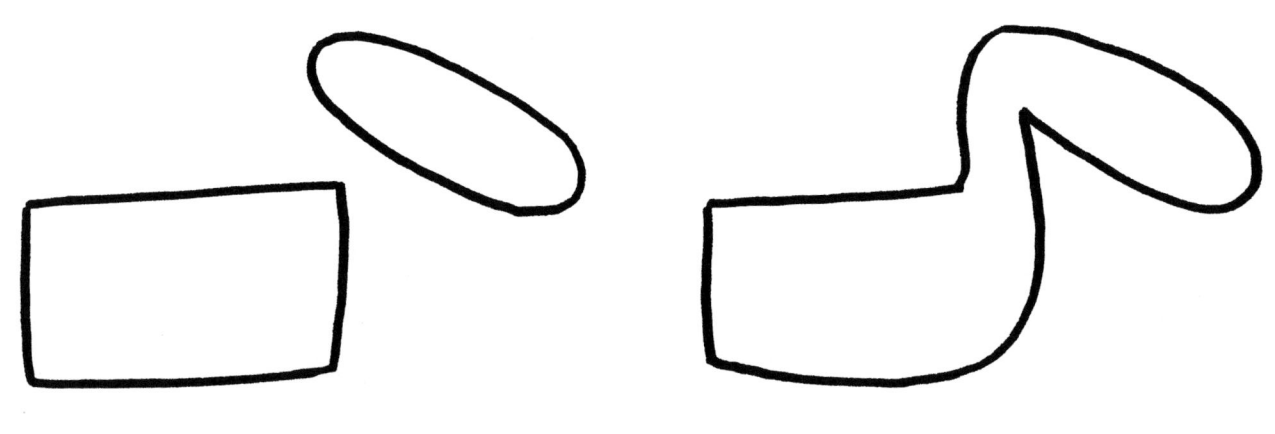

DER TIGER

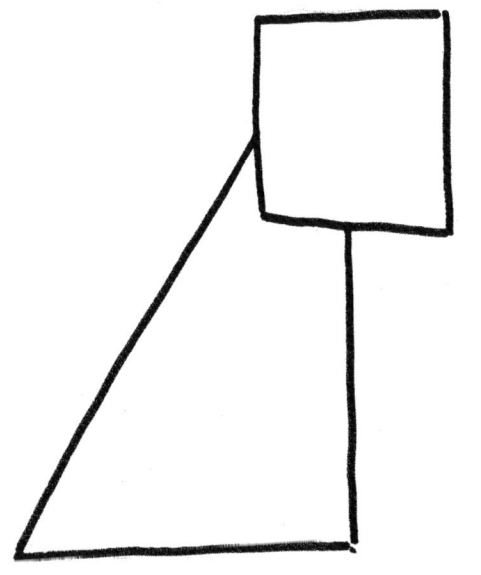

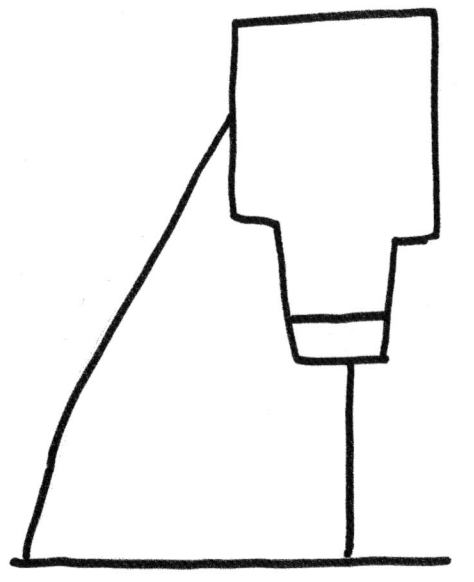

DER AFFE

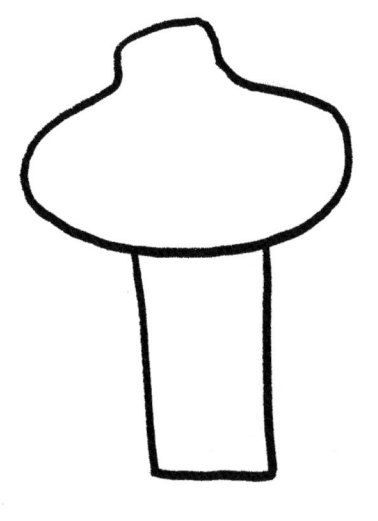

DIE SCHLANGE

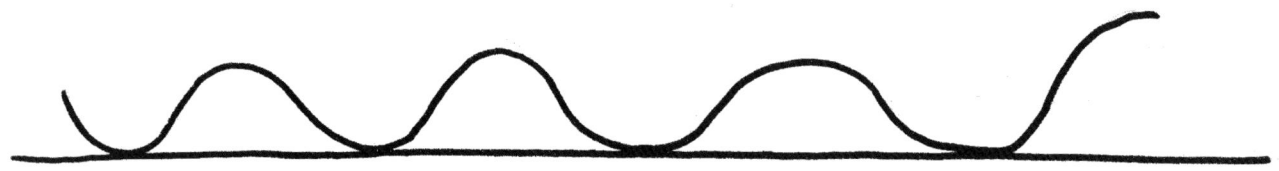

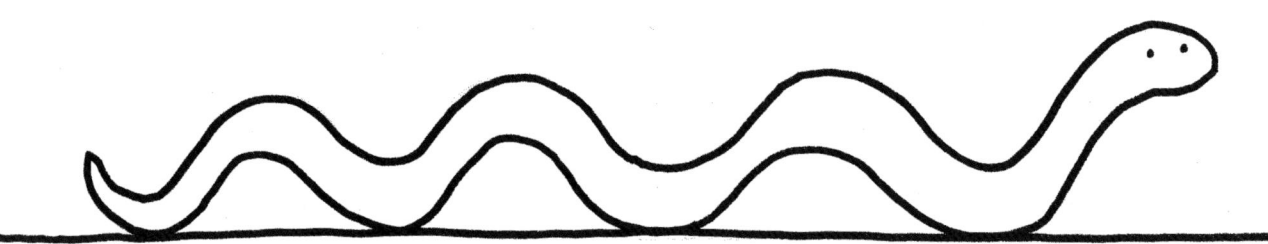

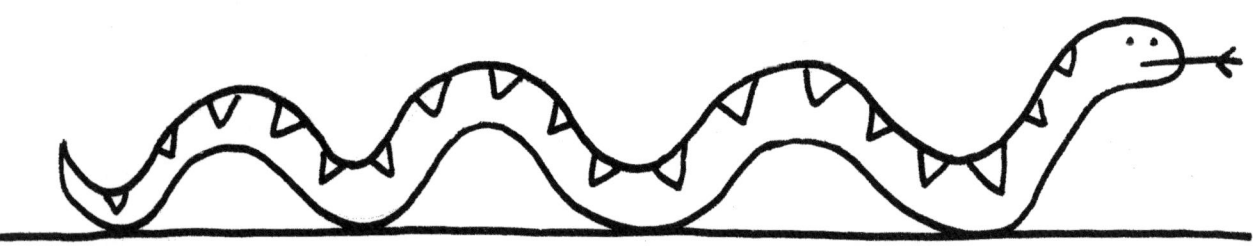

DER PANDA

DER BÄR

DER TUKAN

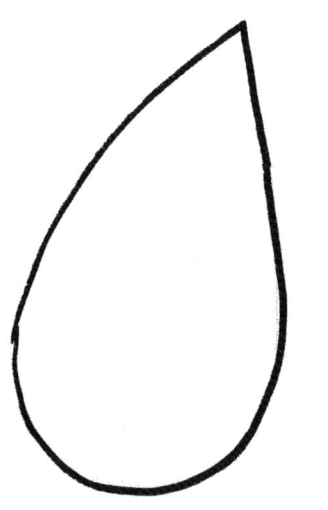

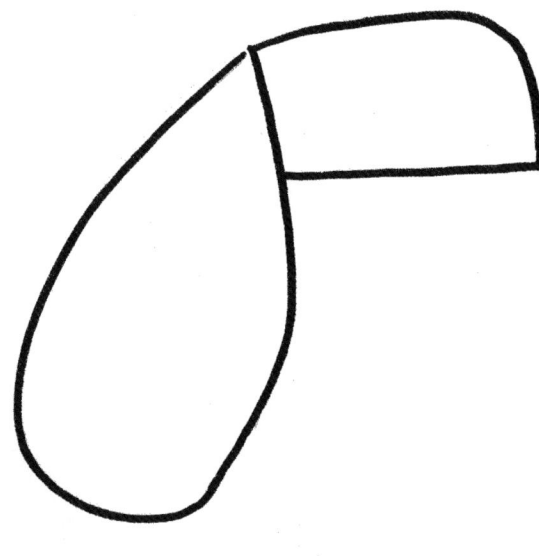

DAS KROKODIL

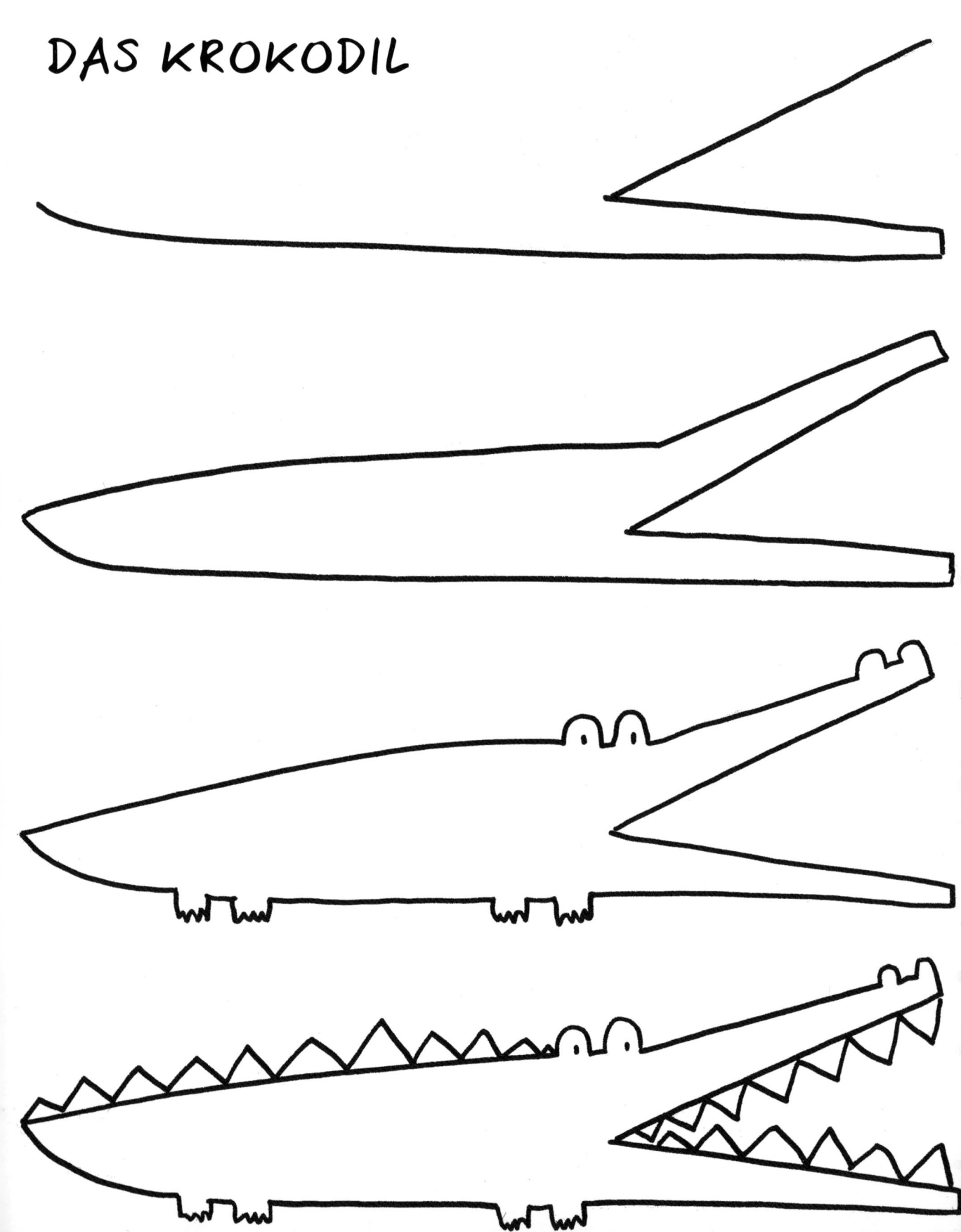

DAS CHAMÄLEON

DER ROTE IBIS

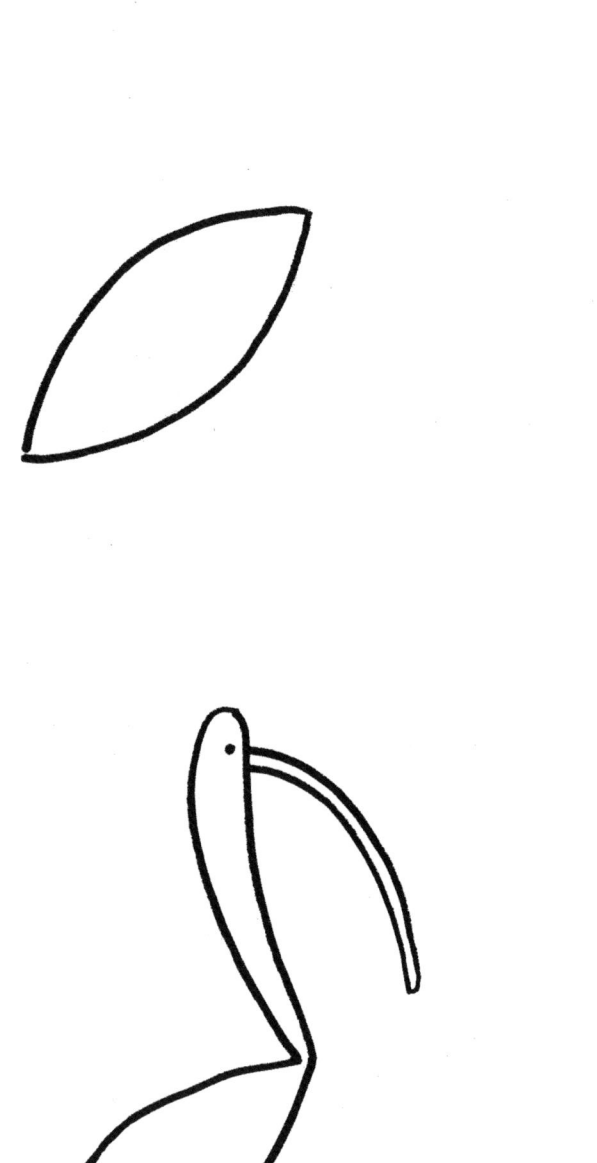
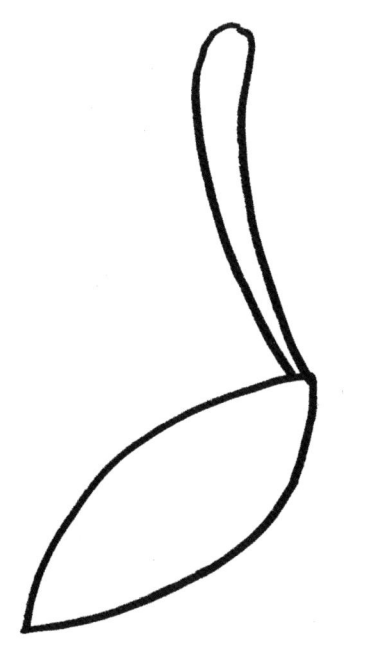

DER PELIKAN

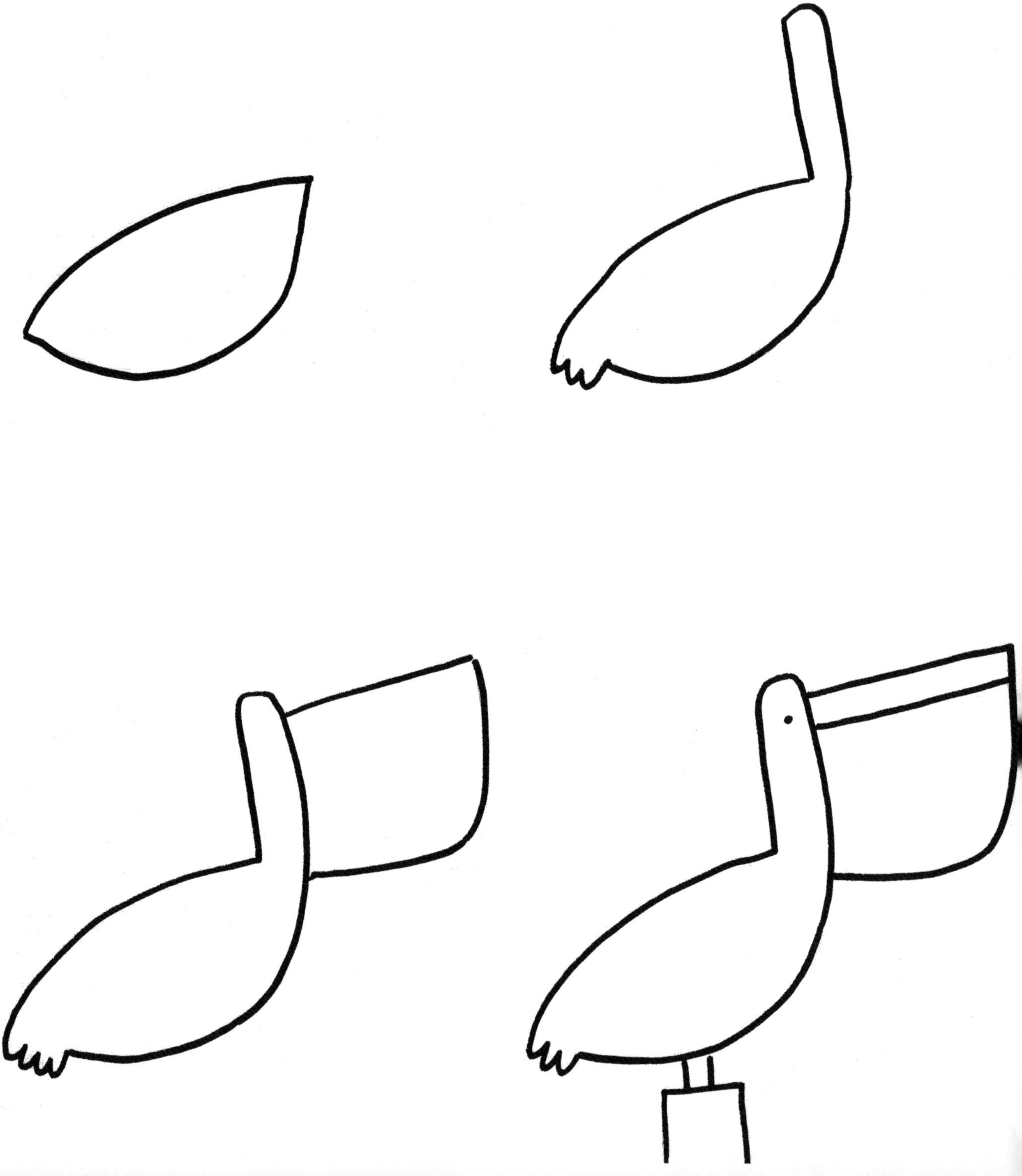

DIE MEERESSCHILDKRÖTE

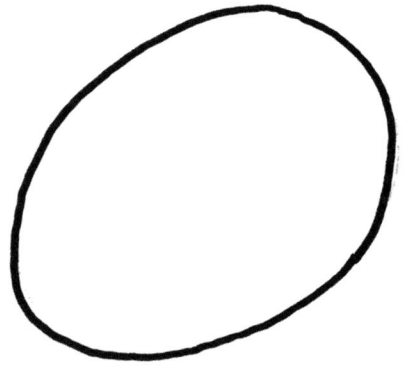

DER PINZETTFISCH

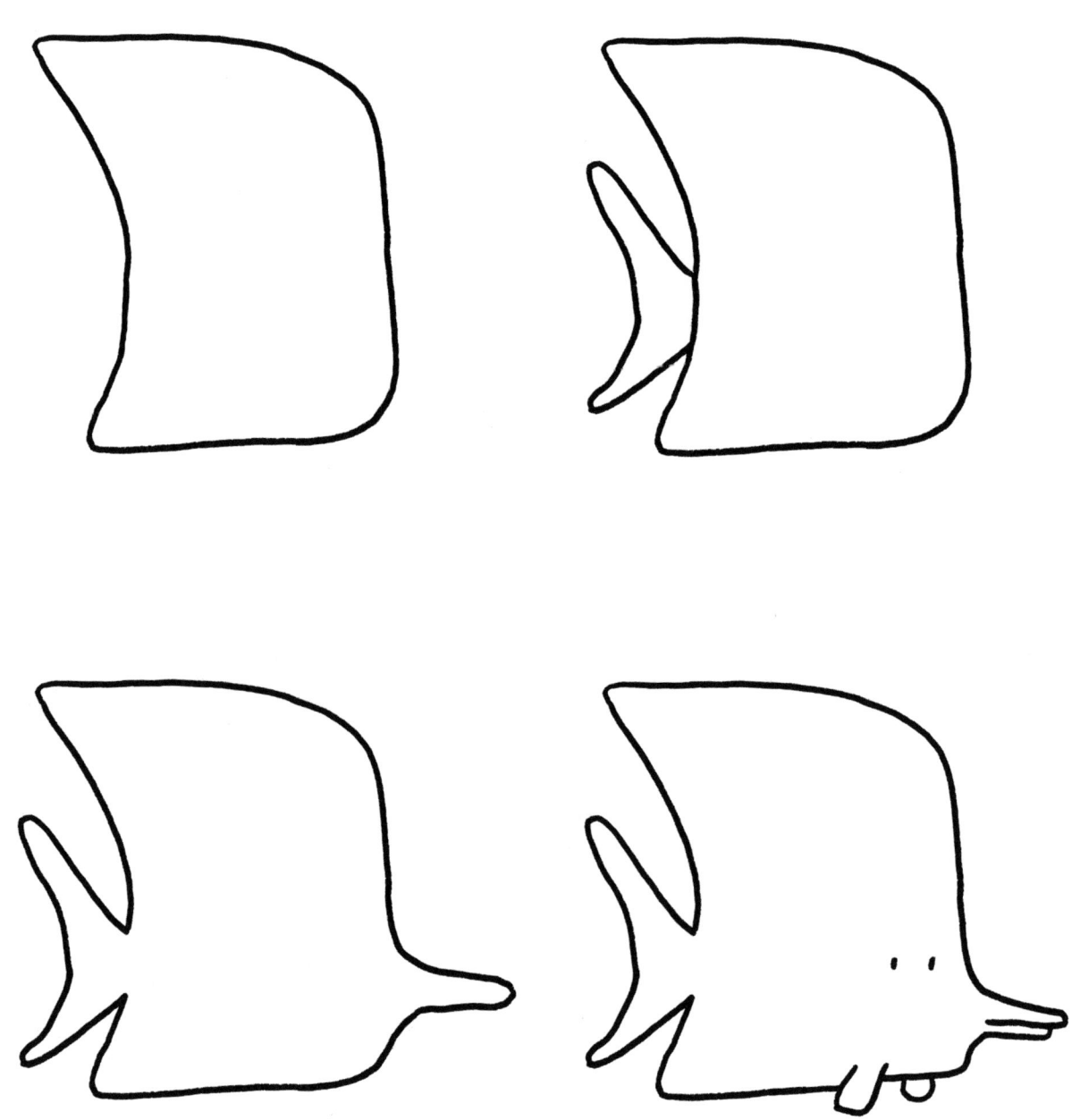

DER IGELFISCH

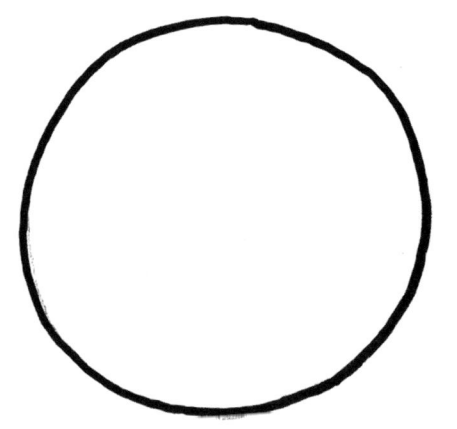
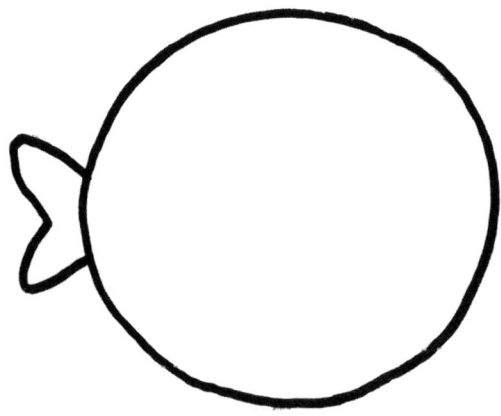

DER THUNFISCH

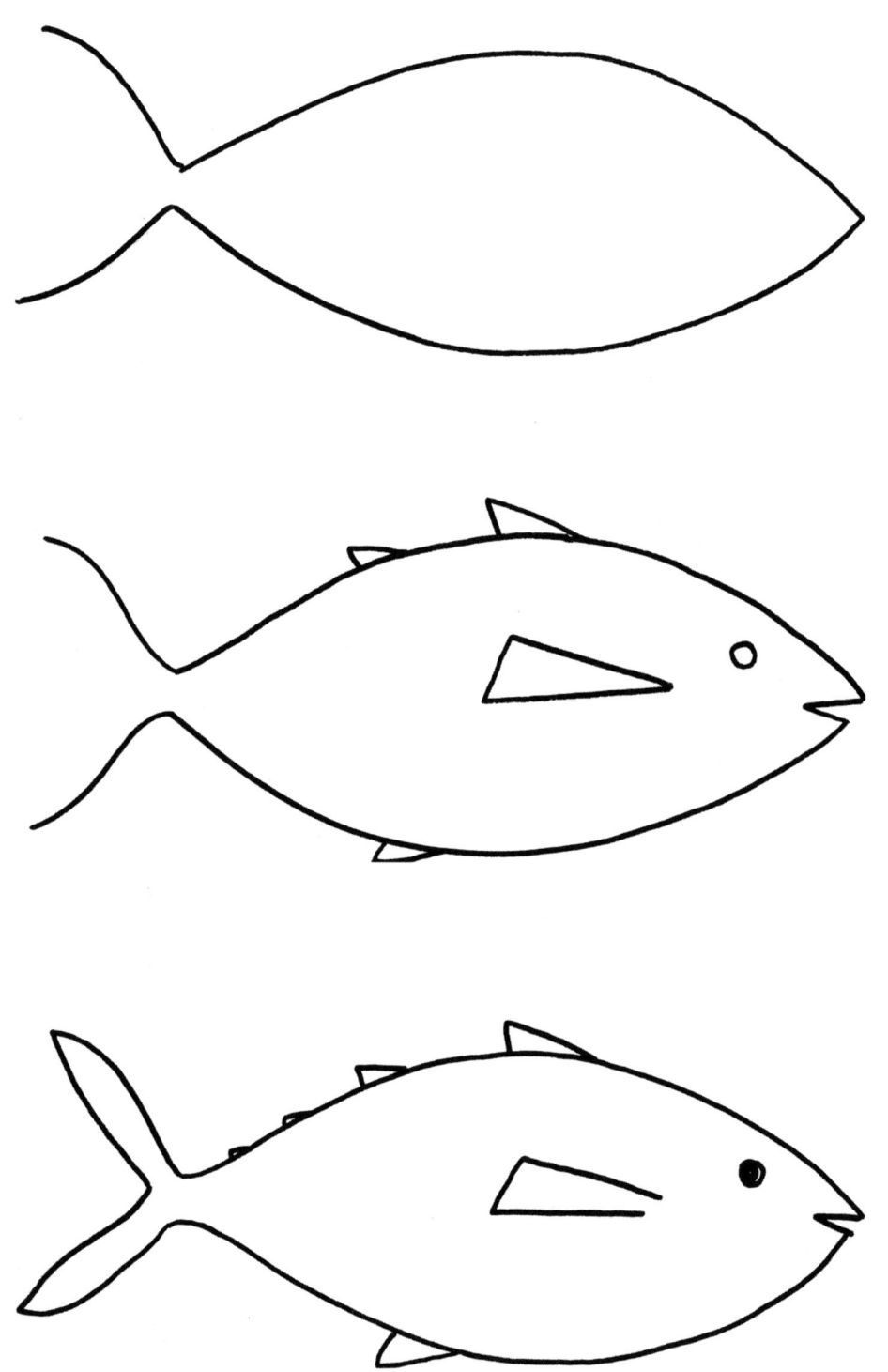

DER KREBS

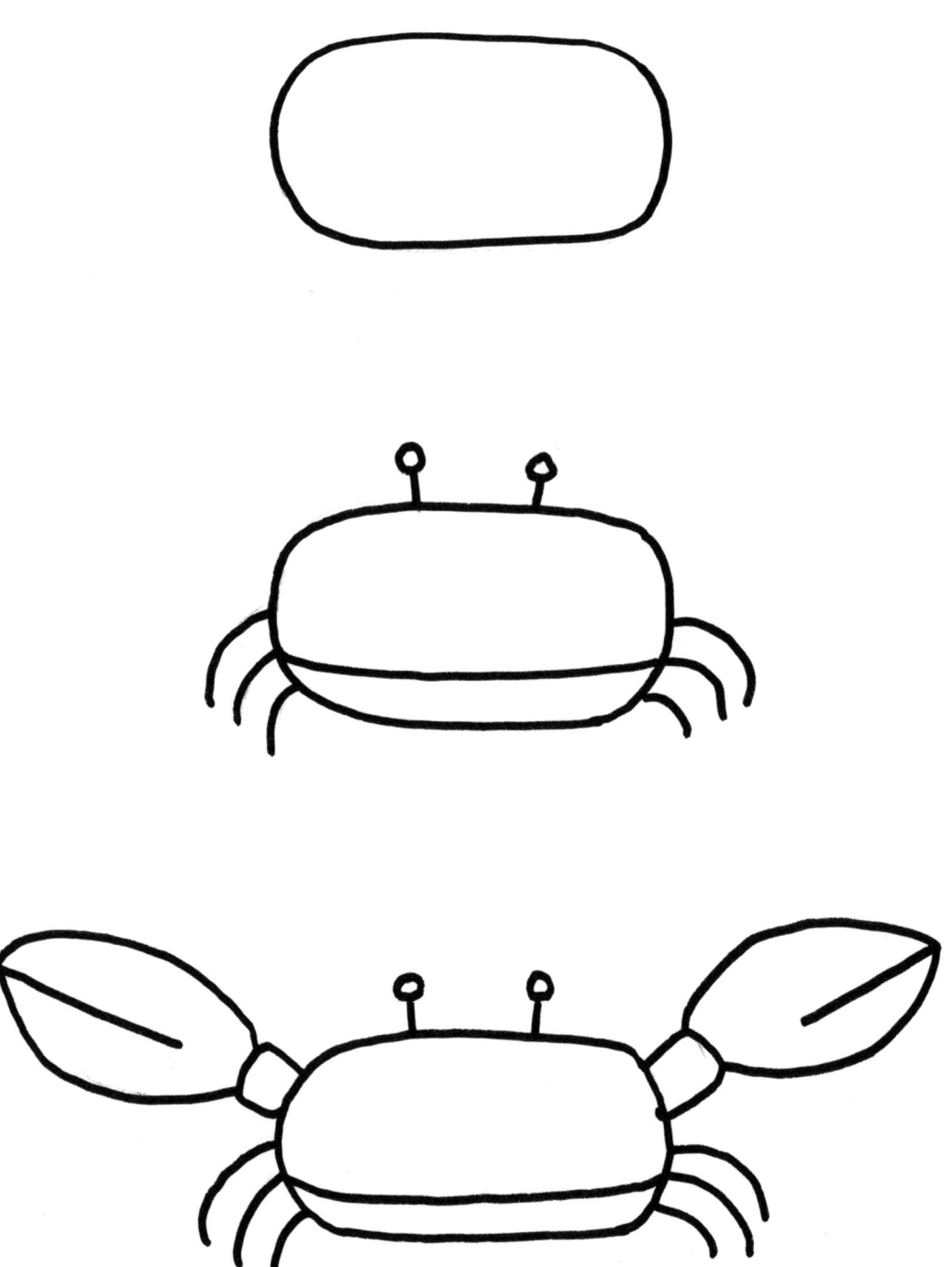

DER DELFIN

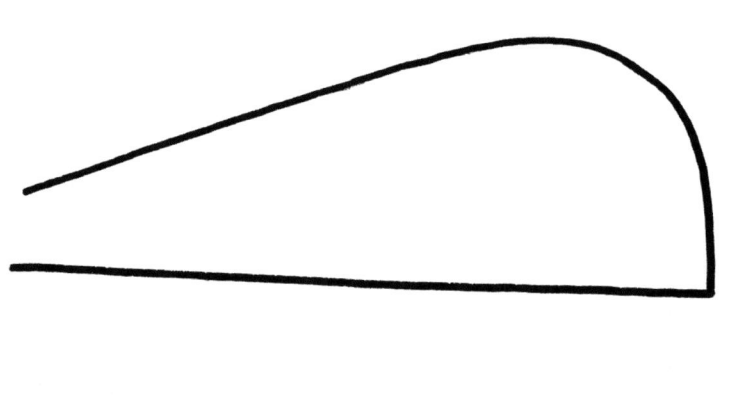

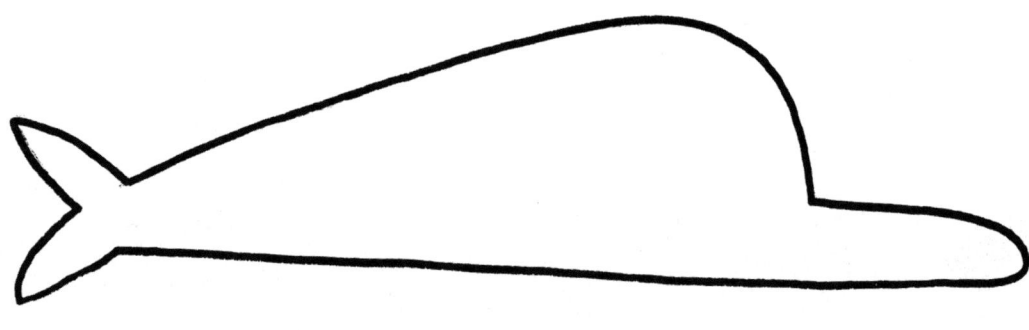

DER LATERNENFISCH

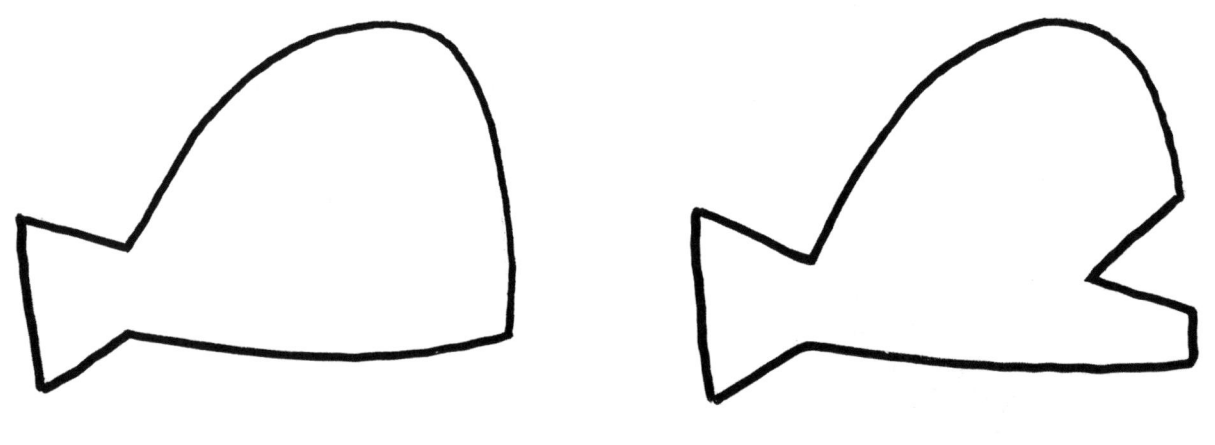

DAS WALROSS

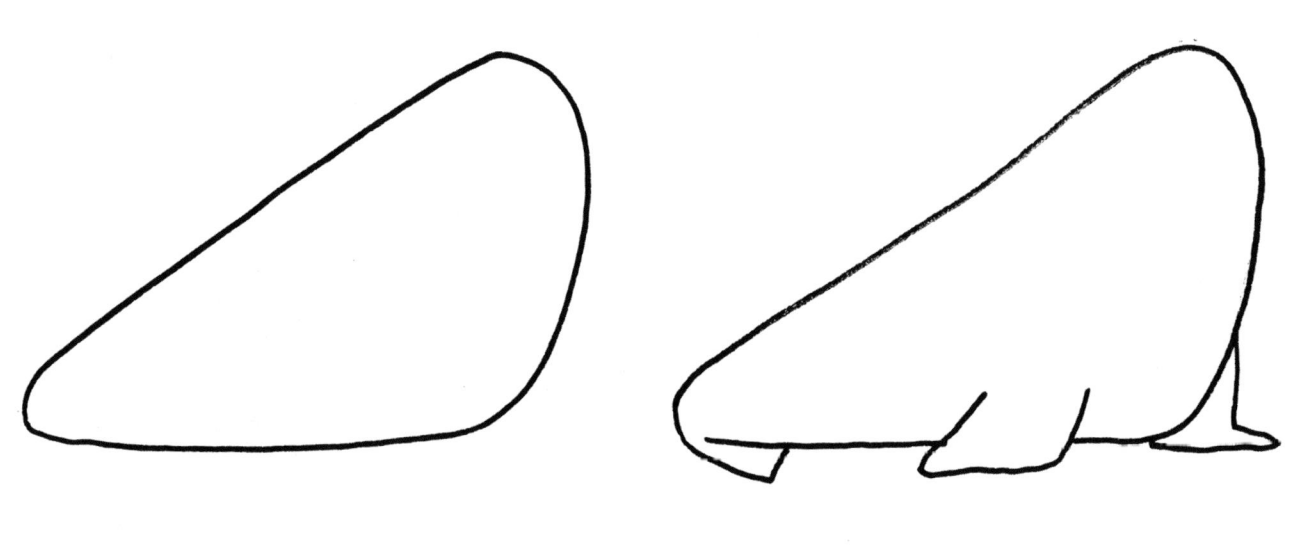

DER PINGUIN

DER EISBÄR

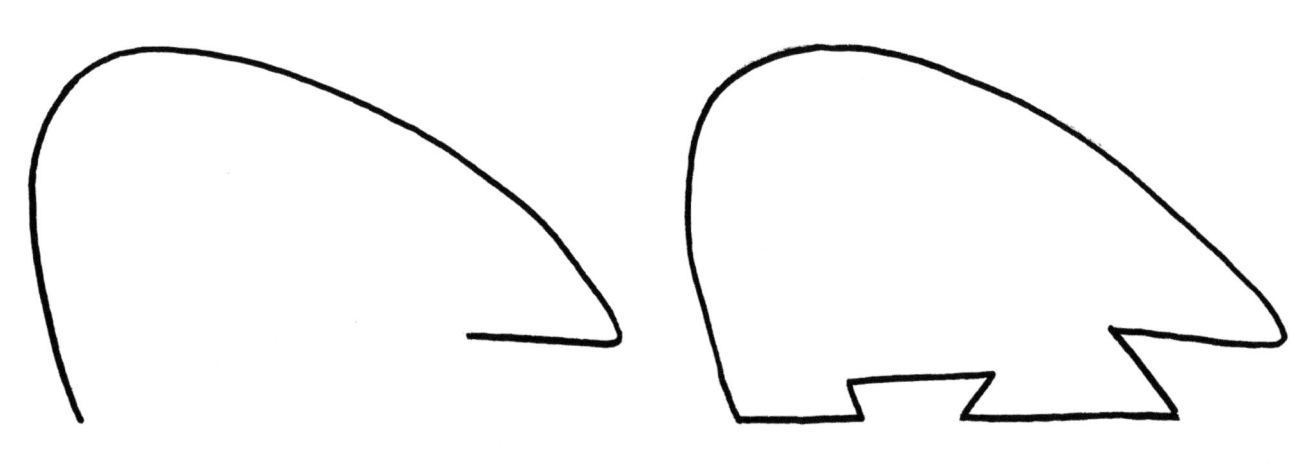

DER SCHLITTENHUND

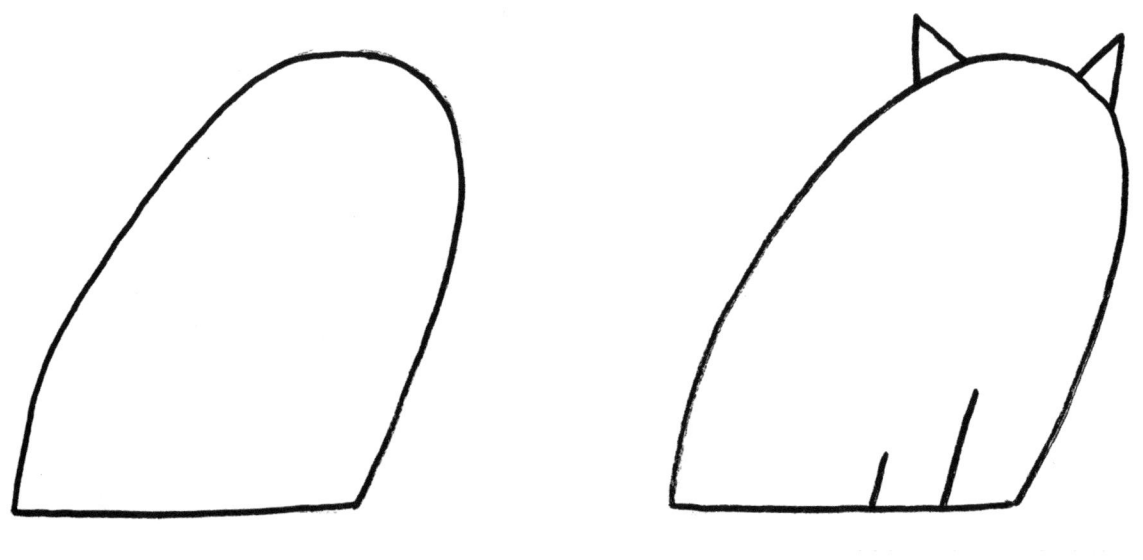

ISBN: 978-3-8094-4152-6

4. Auflage 2024
© 2020 by Bassermann Verlag, einem Unternehmen der
Penguin Random House Verlagsgruppe GmbH,
Neumarkter Straße 28, 81673 München

Copyright der französischen Originalausgabe © Oktober 2018,
Mila Éditions, Paris
Die französische Originalausgabe erschien unter dem Titel
Facile de dessiner tous les animaux avec Barroux.
Der Verlag behält sich die Verwertung der urheberrechtlich
geschützten Inhalte dieses Werkes für Zwecke des Text- und
Data-Minings nach § 44 b UrhG ausdrücklich vor.
Jegliche unbefugte Nutzung ist hiermit ausgeschlossen.

Illustrationen: Barroux
Umschlaggestaltung: Atelier Versen, Bad Aibling
Projektkoordination und Übersetzung: Birte Dittmann
Herstellung und Satz: Angelika Tröger
Druck und Bindung: Alföldi, Debrecen
Printed in Hungary

Penguin Random House
Verlagsgruppe FSC® N001967